まちごとアジア

Bangladesh 007 Paharpur

パハルプール

生きたインド仏教
「パハルプールの僧院跡ヘ」

পাহাড়পুর বিহার

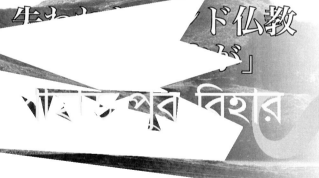

Asia City Guide Production

【白地図】バングラデシュ

ASIA
バングラ

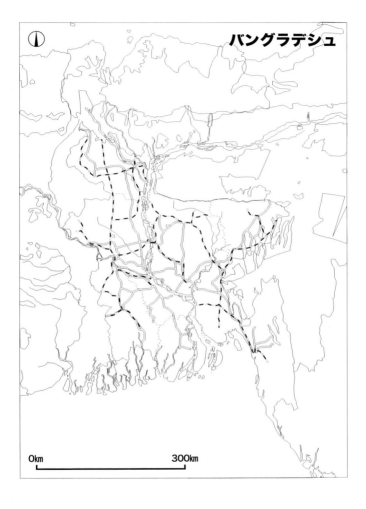

【白地図】バングラデシュ北西部

バングラデシュ北西部

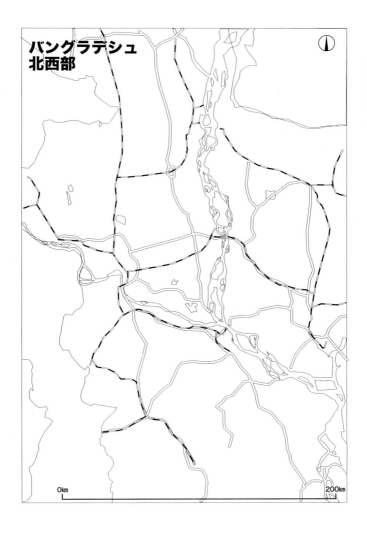

【白地図】ジョイプールハット〜パハルプール

ASIA
バングラ

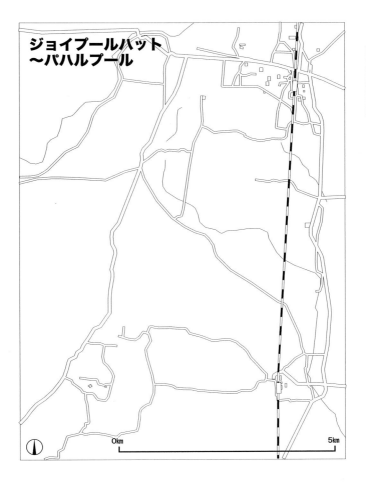

【白地図】十字型四面堂形式の仏教寺院

ASIA
バングラ

十字型
四面堂形式
の仏教寺院

ミャンマー
パガンに現存する
アーナンダ寺院

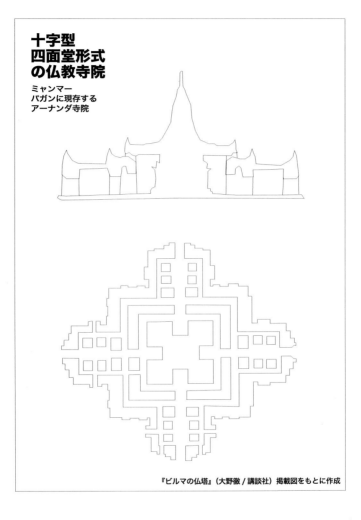

『ビルマの仏塔』（大野徹 / 講談社）掲載図をもとに作成

【白地図】パハルプール

ASIA
バングラ

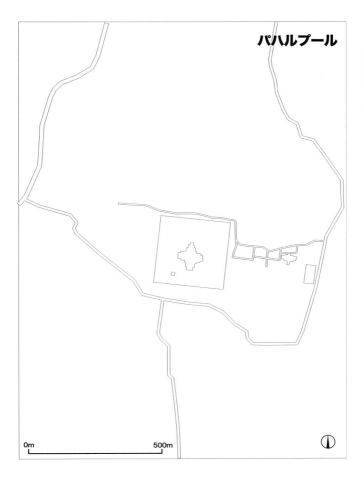

パハルプール / Paharpur 白地図

【白地図】ソーマプラ仏教僧院伽藍配置

ASIA
バングラ

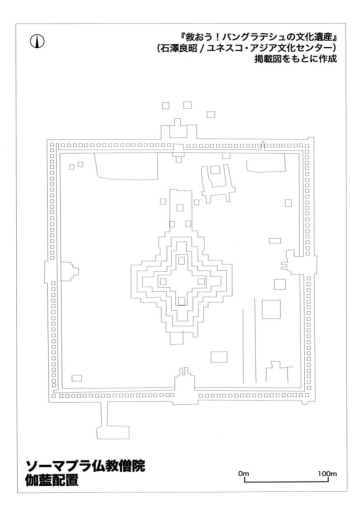

【白地図】ジョイプールハット

ASIA
バングラ

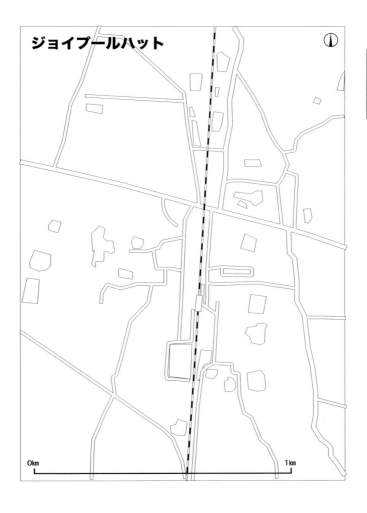

【白地図】仏教伝来図

ASIA
バングラ

【まちごとアジア】
バングラデシュ 001 はじめてのバングラデシュ
バングラデシュ 002 ダッカ
バングラデシュ 003 バゲルハット（クルナ）
バングラデシュ 004 シュンドルボン
バングラデシュ 005 プティア
バングラデシュ 006 モハスタン（ボグラ）
バングラデシュ 007 パハルプール

ASIA
バングラ

　バングラデシュ北西部、小さな村にたたずむ小高い山状の遺構パハルプール（ベンガル語でパハールは「丘」を意味する）。ここは13世紀にイスラム勢力の侵入で途絶えるまで、南アジアで最大規模をほこった仏教僧院のソーマプラ跡で、世界遺産にも指定されている。

　仏教僧院ソーマプラが創建されたのは、ベンガル地方に覇をとなえたパーラ朝（8 〜 12世紀）時代のことで、第2代ダルマパーラ王(770 〜 810年ごろの在位)の命による。この時代、仏教が篤く保護され、ソーマプラは、仏教僧院ナーランダ、ヴィ

পাহাড়পুর বিহার
パハルプール
Paharpur

クラマシーラとともにインド仏教の中心地となっていた。

　インド世界の東端にあたるソーマプラ寺院には、東南アジアからも多くの留学僧が訪れ、学問、修行にはげむという姿が見られた。そして、パーラ朝のもとで建立されたソーマプラ寺院のプラン（中心の精舎とした四面堂様式）は、アンコール遺跡、ボロブドゥール、パガンなどの寺院建築に受けつがれることになった。

【まちごとアジア】

バングラデシュ 007 パハルプール

目次

パハルプール …………………………………………xviii

バングラで栄えていた仏教 ……………………………xxiv

アンコールワットの源流…………………………………xxxvi

パハールプル鑑賞案内……………………………………xliii

東南アジアへの結節点 …………………………………lv

【MEMO】

【地図】バングラデシュ

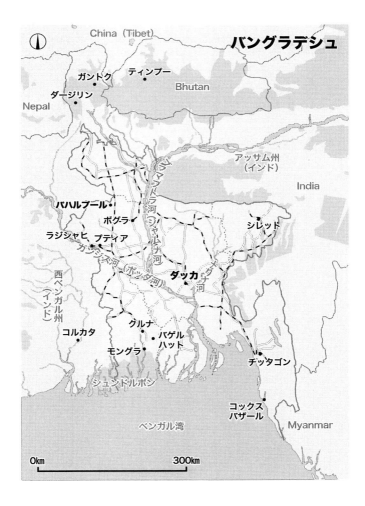

バングラで栄えていた仏教

ASIA
バングラ

日本や東南アジアを中心に信仰されている仏教
本国インドでははるか昔にその伝統はついえてしまった
インド仏教の展開と滅亡まで

インド仏教の展開

ブッダが生まれた紀元前5世紀ごろのインドでは、厳しい身分制度があり、バラモンによる祭祀によってのみ解脱できるという考え（バラモン教）が支配的だった。そのようななかブッダは「修行すれば、誰でも解脱できる」という教えを説き、仏教は新興の王族や商人から支持を集めるようになっていた。とくに紀元前3世紀、マウリヤ朝のアショカ王が仏教を篤く信仰したことで、仏教はインド中に広がりを見せた。ブッダの生きた時代には、仏像を彫ることは認められていなかったが、「仏像が彫られる」ようになったり、「自ら修行し

Paharpur バングラで栄えていた仏教

なくても、祈れば救われる」という思想（大乗仏教）が生まれるなど、時代に応じて仏教は変質するようになっていた。

ベンガル仏教

ベンガル地方には5世紀ごろから仏教が伝わり、8〜12世紀にこの地を支配したパーラ朝の統治下では、仏教文化が花開いた（またベンガル地方南部やメグナ河流域は、7世紀以降、仏教を保護する地方王朝が独立状態にあった）。ベンガル仏教の特徴はこの地方で行なわれていた女神崇拝など、タントラと呼ばれる土着信仰と仏教が結びつき、密教色の濃い

ASIA
バングラ

仏教が信仰されていたところ。中世、インド西部にはイスラム教徒が侵入し、インド中央部ではヒンドゥー教におされるなかで、東インドはインド仏教最後の根拠地となっていた。8世紀から400年続くパーラ朝の統治下で、ナーランダ僧院が改修され、ヴィクラマシーラ、パハルプールが建立されるなど、ベンガル地方は仏教文化の中心地の役割を果たしていた。パーラ朝美術はグプタ朝美術から発展していて、黒い光沢を放つ玄武岩による尊像が多く彫られた。

Paharpur バングラで栄えていた仏教

▲ 写真の仏像は西ベンガル州（インド）のコルカタにあるインド博物館に展示されている、左下の写真がパーラ朝時代のもの

ASIA
バングラ

インド仏教ついえる

仏教は王族や商人の保護を受けていたが、4世紀にローマ帝国が衰亡すると、仏教の保護者である商人階級が没落し、民間信仰などを広くとり入れたヒンドゥー教が興隆するようになった（4~6世紀のグプタ朝ではヒンドゥー教が国教化された）。また8世紀にはイスラム勢力がはじめてインドに侵入し、多くの仏教徒がイスラム教へ改宗するといったことが見られた。12世紀以降、中央アジアから侵入したイスラム勢力は仏教寺院を破壊しながら東征し、ついにベンガル地方もその支配下に落ちた（パハルプールは焼き討ちにあった）。

【MEMO】

ASIA
バングラ

在家信者と出家者のあいだに強固な関係があったジャイナ教は現在まで続いているが、1203年に僧院ヴィクラマシーラが破壊されたことでインド仏教の伝統はついえ、インド仏教はチベットやネパールに受けつがれた。また20世紀になってからインドでアンベードカルを中心にカーストが低い人々が仏教に集団改宗し、ネオブッディストと呼ばれている。

【地図】バングラデシュ北西部

【地図】バングラデシュ北西部の [★★★]
- [ ] パハルプール Paharpur

【地図】バングラデシュ北西部の [★☆☆]
- [ ] ジョイプールハット Joypurhat

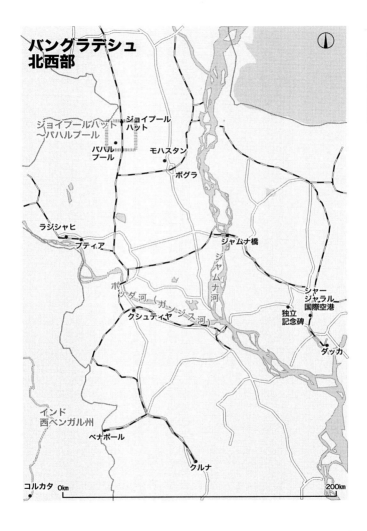

【地図】ジョイプールハット～パハルプール

【地図】ジョイプールハット～パハルプールの［★★★］
- [ ] パハルプール Paharpur

【地図】ジョイプールハット～パハルプールの［★☆☆］
- [ ] ジョイプールハット Joypurhat

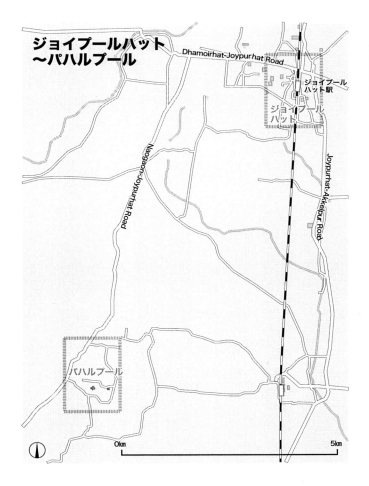

アンコールワットの源流

ASIA バングラ

バングラデシュ北西部に残る小高い丘
ベンガル地方を支配したパーラ朝のもと
密教化された仏教が学ばれていた

パーラ朝の精華

インド中央部からは後進地と見られていたベンガル地方が躍進するのがパーラ朝時代（8〜12世紀）のことで、この時代、ベンガルというまとまった文化圏が形成されるようになった。パーラ朝ではベンガル地方土着のタントラ信仰と大乗仏教が結びつき、密教化した仏教が興隆した。この王朝の建築様式や仏像はパーラ朝美術として知られ、その優美な造形は東南アジア各国にも伝わっている。パーラ朝は400年にわたって続いたが、とくに第2代ダルマパーラ王（770〜810年）と続く第3代デーヴァパーラ王の時代にはパハルプール

Paharpur　アンコールワットの源流

▲左　アンコール遺跡（カンボジア）に影響をあたえた。　▲右　四面堂様式をもつ パハルプールの仏教寺院

やヴィクラマシーラが建立され、北インドで覇権を争うほどの勢いを見せていた。

ソーマプラ仏教僧院のプラン

一辺300mからなる正方形の平面をもつソーマプラ仏教僧院は、十字型の精舎を中心にもち、周囲に回廊を配して、外周壁の内側に177の僧房がならんでいた。建物はベンガル地方特有のレンガづくりとなっていて、壁面はテラコッタパネルで覆われていた。曼荼羅のように、中央の堂から四方の門へと広がっていく四面堂形式のプランをもち、インド仏教

ASIA
バングラ

末期の様式となっている（ガンダーラや日本の奈良の仏教寺院では、ヴィハーラとストゥーパが別々に立ち、放射状に広がるプランではない）。インドネシアのボロブドゥールやミャンマーにあるパガンのアーナンダ寺院などがその様式を受けつぐと言われる。

遺跡の破壊と保護

パハルプールの本格的な発掘は、仏教僧院が建てられてから1000年以上の月日が経った1922〜34年にかけて行なわれた。長い時間のなかで地中に埋もれ、遺構の地盤がまわりの

Paharpur　アンコールワットの源流

▲左　中央の大精舎の周囲に僧房や井戸の跡が残る。　▲右　パハルプールで出会った子どもたち

土地よりも低くなっていた。そのため雨水が遺構へ流れ込み、周囲の農地で使われる塩分をふくんだ化学肥料が溶け出していた。バングラデシュの雨季と乾季の環境の厳しさ、レンガの盗掘なども重なり、パハルプールは破壊の憂き目にあっていたが、そこから現在、遺跡の保護が進むようになっている。

【MEMO】

ASIA
バングラ

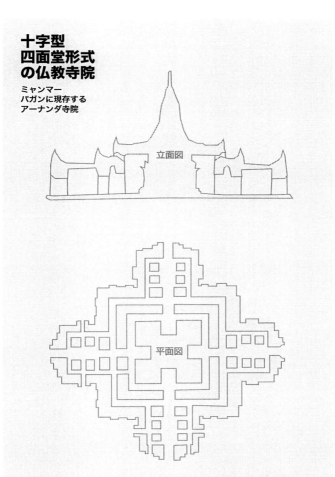

十字型四面堂形式の仏教寺院

ミャンマー
パガンに現存する
アーナンダ寺院

立面図

平面図

Paharpur　アンコールワットの源流

『ビルマの仏塔』（大野徹／講談社）掲載図をもとに作成

Guide, Paharpur
パハルプール鑑賞案内

インド世界の東端に築かれたパハルプール
ここにはナーランダ、ヴィクラマシーラとならぶ仏教僧院があった
東南アジアや中国から求法に訪れる僧も多かったという

大精舎 Vihara ［★★★］

パハルプール遺跡の中核をなす大精舎。96 × 109m からなる十字型基壇のうえに、三層からなる精舎が立ち、中央に向かって高くなっている。最上部は崩壊しているが、往時はその中心に四面堂の大精舎が立ち、四方に向けて仏像が配置されていた。ベンガル地方独特のレンガづくりとなっていて、ブッダの遺灰を安置したストゥーパの発展ともとらえることができる。遺跡は北側が正門で、この大精舎の北側に地上から上方へと続く階段がおかれている。また、このソーマプラ仏教僧院が建造される以前、この地にはジャイナ教僧院があったという。

【地図】パハルプール

【地図】パハルプールの [★★★]
- [ ] 大精舎 Vihara

【地図】パハルプールの [★★☆]
- [ ] 僧房 Vihara
- [ ] サティヤピル・ビタ Satyapir Bhita

【地図】パハルプールの [★☆☆]
- [ ] パハルプール博物館 Paharpur Museum

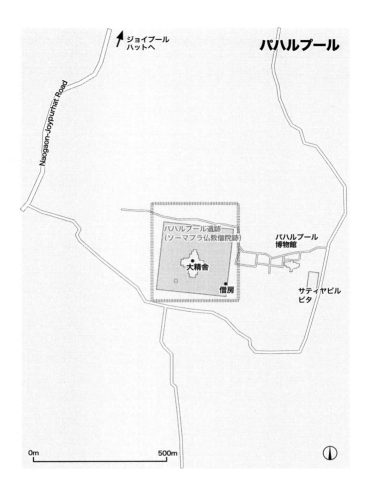

【地図】ソーマプラ仏教僧院伽藍配置

【地図】ソーマプラ仏教僧院伽藍配置の [★★★]
- ☐ 大精舎 Vihara

【地図】ソーマプラ仏教僧院伽藍配置の [★★☆]
- ☐ 僧房 Vihara

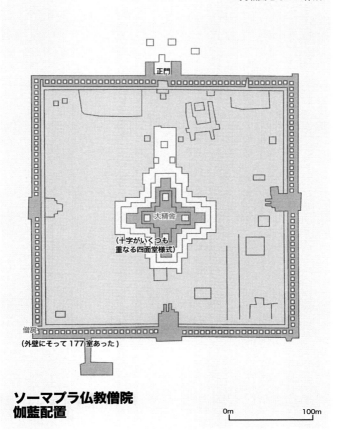

ASIA
バングラ

テラコッタ・パネル Terra Cotta Panel ［★★☆］

レンガで組まれたパハルプール大精舎の表面には、テラコッタ製の浮彫（粘土が乾かないあいだに彫刻し、火で焼かれたもの）が残っている。仏教やヒンドゥー教の神々が描かれたテラコッタ・パネルの枚数は 2000 枚におよび、パーラ朝美術を今に伝えている。耕す人や踊り手、動植物のほかにも、『マハーバーラタ』や『ラーマーヤナ』の場面が描かれてることから、パハルプールで信仰されていた仏教がヒンドゥー教の影響を受けた仏教（密教）であることがわかる。ほかにも 9 世紀の青銅のブッダ象、60 体以上の石づくりの彫刻が発掘

▲左　信仰の中心だった大精舎。　▲右　下部にテラコッタパネルが見える

されている。

僧房 Vihara ［★★☆］

ソーマプラ仏教僧院をとり囲むように外壁にそって配置された177の僧房（一辺300mの四方にずらりとならぶ）。ここでは東南アジアや中国などから集まった仏僧の姿があった。この僧房の内側にある中庭には、小さな祠堂や食堂なども見られた。

パハルプール博物館 Paharpur Museum ［★☆☆］

遺跡の東側に整備されたパハルプール博物館。ここでは発掘されたときに、地中に埋もれていた彫像や大精舎上部から出土した800枚のテラコッタの浮彫がおかれている。また陶器や硬貨なども見られ、仏教美術を花開かせたパーラ朝時代の美術品がならぶ。

サティヤピル・ビタ Satyapir Bhita ［★★☆］

パハルプールの東に残る仏教寺院跡サティヤピル・ビタ。この遺構はソーマプラ仏教僧院（パハルプール）よりもあとの

▲左 いくつもの部屋を備えた僧房、ここで仏教僧が起居した。　▲右 サティヤピル・ビタ、近くには博物館も位置する

時代のもので、17世紀ごろまでこの寺院は巡礼者を集めていたと考えられる。

ジョイプールハット Joypurhat ［★☆☆］

ボグラの北西に位置し、バングラデシュ北西部を南北につらぬく鉄道が走るジョイプールハット。世界遺産パハルプールへの足がかりになる。

【地図】ジョイプールハットの [★☆☆]

□　ジョイプールハット Joypurhat

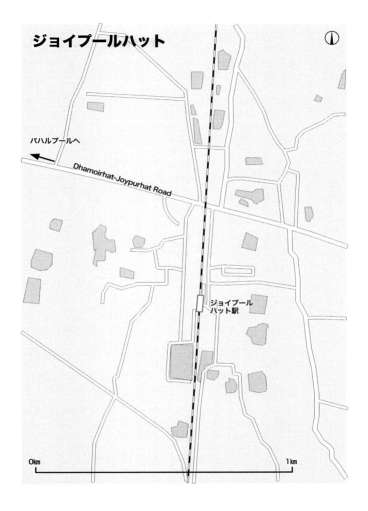

東南アジアへの結節点

インドの中心から見れば未開の地だったベンガル
そこは東南アジアからはインドへの入口でもあった
さまざまな文明が交錯するなかで豊穣な文化が育まれた

ベンガルの宗教変遷

ベンガル地方では古くから人類の営みが見られ、大地母神（カーリー女神として受け継がれている）への祭祀など、土着の神々が信仰されていた。その後、マウリヤ朝やグプタ朝などの属領となったことで、インド中央の文化がベンガルにも伝えられ、この地方は 8 〜 12 世紀（パーラ朝）には仏教、12 世紀（セーナ朝）にはヒンドゥー教、13 世紀以後はイスラム教を保護する王朝をいただくようになった。現在、バングラデシュの多くの人がイスラム教を信仰しているが、歴史をさかのぼればヒンドゥー世界から低いカーストに位置づけ

られたベンガル人が平等をかかげるイスラム教に改宗すると
いった側面もあったのだという。

ベンガルから東南アジアへ

ガンジス河中流域やデリーなどから見て、インドの東端に位
置するベンガル地方は、東南アジアから見ればインド世界の
入口にあたる（東南アジアとインド、チベットとベンガル湾
を結ぶ十字路にあたる）。パーラ朝のもとナーランダが改築
され、ヴィクラマシーラ、ソーマプラ（パハルプール）といっ
た仏教僧院が建立された。パーラ朝の第2代デーヴァパーラ

▲左　パハルプールは世界遺産に指定されている。　▲右　パハルプールで見た露店

王は、スマトラ島のバーラプトラデーヴァ王と外交関係があったため、このパーラ朝の美術や伽藍様式が東南アジアに伝わり、カンボジアのアンコール、ミャンマーのパガン、インドネシアのボロブドゥールに影響をあたえた。

ベンガル仏教徒のその後

国民の多くがイスラム教を信仰するバングラデシュにあって、現在も少数ながらチッタゴン丘陵などには仏教徒が暮らしている。大部分は隣国ミャンマーと同じ、チベット系の民族だが、なかにはベンガル人仏教徒の姿もある。これらベン

【MEMO】

ASIA
バングラ

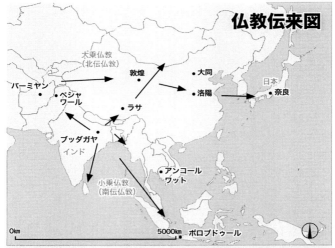

ASIA
バングラ

ガル人仏教徒はイスラム勢力から逃れるようにガンジス河中流域からこの地に移住した人々の子孫という説、またミャンマー仏教の影響を受けて改宗した人々の子孫という説のほかにも、12世紀に滅亡したパーラ朝仏教徒の子孫だという説もある。

Paharpur

東南アジアへの結節点

参考文献

『ユネスコ世界遺産⑤インド亜大陸』(ユネスコ世界遺産センター / 講談社)

『救おう!バングラデシュの文化遺産』(石澤良昭 / ユネスコ・アジア文化センター)

『黄金のベンガル』(ユネスコ・アジア文化センター)

『インド建築案内』(神谷武夫 /TOTO 出版)

『ブッダ大いなる旅路』(NHK「ブッダ」プロジェクト / 日本放送出版協会)

『世界大百科事典』(平凡社)

まちごとパブリッシングの旅行ガイド

Machigoto INDIA , Machigoto ASIA , Machigoto CHINA

【北インド - まちごとインド】

001 はじめての北インド
002 はじめてのデリー
003 オールド・デリー
004 ニュー・デリー
005 南デリー
012 アーグラ
013 ファテープル・シークリー
014 バラナシ
015 サールナート
022 カージュラホ
032 アムリトサル

【西インド - まちごとインド】

001 はじめてのラジャスタン
002 ジャイプル
003 ジョードプル
004 ジャイサルメール
005 ウダイプル
006 アジメール（プシュカル）
007 ビカネール
008 シェカワティ
011 はじめてのマハラシュトラ
012 ムンバイ
013 プネー
014 アウランガバード
015 エローラ
016 アジャンタ
021 はじめてのグジャラート
022 アーメダバード
023 ヴァドダラー（チャンパネール）
024 ブジ（カッチ地方）

【東インド - まちごとインド】

002 コルカタ
012 ブッダガヤ

【南インド - まちごとインド】

001 はじめてのタミルナードゥ
002 チェンナイ
003 カーンチプラム
004 マハーバリプラム
005 タンジャヴール
006 クンバコナムとカーヴェリー・デルタ
007 ティルチラパッリ
008 マドゥライ
009 ラーメシュワラム
010 カニャークマリ
021 はじめてのケーララ
022 ティルヴァナンタプラム
023 バックウォーター（コッラム〜アラップーザ）
024 コーチ（コーチン）
025 トリシュール

【ネパール - まちごとアジア】

001 はじめてのカトマンズ
002 カトマンズ
003 スワヤンブナート

004 パタン
005 バクタプル
006 ポカラ
007 ルンビニ
008 チトワン国立公園

【バングラデシュ - まちごとアジア】

001 はじめてのバングラデシュ
002 ダッカ
003 バゲルハット（クルナ）
004 シュンドルボン
005 プティア
006 モハスタン（ボグラ）
007 パハルプール

【パキスタン - まちごとアジア】

002 フンザ
003 ギルギット（KKH）
004 ラホール
005 ハラッパ
006 ムルタン

【イラン - まちごとアジア】

001 はじめてのイラン
002 テヘラン
003 イスファハン
004 シーラーズ
005 ペルセポリス
006 パサルガダエ（ナグシェ・ロスタム）
007 ヤズド
008 チョガ・ザンビル（アフヴァーズ）
009 タブリーズ
010 アルダビール

【北京 - まちごとチャイナ】

001 はじめての北京
002 故宮（天安門広場）
003 胡同と旧皇城
004 天壇と旧崇文区
005 瑠璃廠と旧宣武区
006 王府井と市街東部
007 北京動物園と市街西部
008 頤和園と西山
009 盧溝橋と周口店
010 万里の長城と明十三陵

【天津 - まちごとチャイナ】

001 はじめての天津
002 天津市街
003 浜海新区と市街南部
004 薊県と清東陵

【上海 - まちごとチャイナ】

001 はじめての上海
002 浦東新区
003 外灘と南京東路
004 淮海路と市街西部
005 虹口と市街北部
006 上海郊外（龍華・七宝・松江・嘉定）
007 水郷地帯（朱家角・周荘・同里・甪直）

【河北省 - まちごとチャイナ】

001 はじめての河北省
002 石家荘
003 秦皇島
004 承徳
005 張家口
006 保定
007 邯鄲

【江蘇省 - まちごとチャイナ】

001 はじめての江蘇省
002 はじめての蘇州
003 蘇州旧城
004 蘇州郊外と開発区
005 無錫
006 揚州
007 鎮江
008 はじめての南京
009 南京旧城
010 南京紫金山と下関
011 雨花台と南京郊外・開発区
012 徐州

【浙江省 - まちごとチャイナ】

001 はじめての浙江省
002 はじめての杭州
003 西湖と山林杭州
004 杭州旧城と開発区
005 紹興
006 はじめての寧波
007 寧波旧城
008 寧波郊外と開発区
009 普陀山
010 天台山
011 温州

【福建省 - まちごとチャイナ】

001 はじめての福建省
002 はじめての福州
003 福州旧城
004 福州郊外と開発区
005 武夷山
006 泉州
007 厦門
008 客家土楼

【広東省 - まちごとチャイナ】

001 はじめての広東省
002 はじめての広州
003 広州古城
004 天河と広州郊外
005 深圳（深セン）
006 東莞
007 開平（江門）
008 韶関
009 はじめての潮汕
010 潮州
011 汕頭

【遼寧省 - まちごとチャイナ】

001 はじめての遼寧省
002 はじめての大連
003 大連市街
004 旅順
005 金州新区

006 はじめての瀋陽
007 瀋陽故宮と旧市街
008 瀋陽駅と市街地
009 北陵と瀋陽郊外
010 撫順

【重慶 - まちごとチャイナ】

001 はじめての重慶
002 重慶市街
003 三峡下り（重慶〜宜昌）
004 大足

【香港 - まちごとチャイナ】

001 はじめての香港
002 中環と香港島北岸
003 上環と香港島南岸
004 尖沙咀と九龍市街
005 九龍城と九龍郊外
006 新界
007 ランタオ島と島嶼部

【マカオ - まちごとチャイナ】

001 はじめてのマカオ
002 セナド広場とマカオ中心部
003 媽閣廟とマカオ半島南部
004 東望洋山とマカオ半島北部
005 新口岸とタイパ・コロアン

【Juo-Mujin（電子書籍のみ）】

Juo-Mujin 香港縦横無尽
Juo-Mujin 北京縦横無尽
Juo-Mujin 上海縦横無尽

【自力旅游中国 Tabisuru CHINA】

001 バスに揺られて「自力で長城」
002 バスに揺られて「自力で石家荘」
003 バスに揺られて「自力で承徳」
004 船に揺られて「自力で普陀山」
005 バスに揺られて「自力で天台山」
006 バスに揺られて「自力で秦皇島」
007 バスに揺られて「自力で張家口」
008 バスに揺られて「自力で邯鄲」
009 バスに揺られて「自力で保定」
010 バスに揺られて「自力で清東陵」
011 バスに揺られて「自力で潮州」
012 バスに揺られて「自力で汕頭」
013 バスに揺られて「自力で温州」

【車輪はつばさ】
南インドのアイラヴァテシュワラ寺院には建築本体に車輪がついていて寺院に乗った神さまが人びとの想いを運ぶと言います。

・本書はオンデマンド印刷で作成されています。
・本書の内容に関するご意見、お問い合わせは、発行元の
　まちごとパブリッシング info@machigotopub.com までお願いします。

まちごとアジア
バングラデシュ007パハルプール
～失われたインド仏教その「よすが」［モノクロノートブック版］

2017年11月14日　発行

著　者	「アジア城市（まち）案内」制作委員会
発行者	赤松　耕次
発行所	まちごとパブリッシング株式会社
	〒181-0013　東京都三鷹市下連雀4-4-36
	URL http://www.machigotopub.com/
発売元	株式会社デジタルパブリッシングサービス
	〒162-0812　東京都新宿区西五軒町11-13
	清水ビル3F
印刷・製本	株式会社デジタルパブリッシングサービス
	URL http://www.d-pub.co.jp/

MP071

ISBN978-4-86143-205-7 C0326　　　Printed in Japan
本書の無断複製複写（コピー）は、著作権法上での例外を除き、禁じられています。